最高人民法院关于适用《中华人民共和国民法典》侵权责任编的解释（一）

·附民法典相关条文·

法律出版社
·北京·

图书在版编目(CIP)数据

最高人民法院关于适用《中华人民共和国民法典》侵权责任编的解释(一)：附民法典相关条文. -- 北京：法律出版社，2024
ISBN 978-7-5197-8881-0

Ⅰ. ①最… Ⅱ. Ⅲ. ①侵权法－法律解释－中国 Ⅳ. ①D923.75

中国国家版本馆 CIP 数据核字(2024)第 039863 号

最高人民法院关于适用《中华人民共和国民法典》侵权责任编的解释(一)：
附民法典相关条文
ZUIGAO RENMIN FAYUAN GUANYU SHIYONG
《ZHONGHUA RENMIN GONGHEGUO MINFADIAN》
QINQUAN ZERENBIAN DE JIESHI(YI)：
FU MINFADIAN XIANGGUAN TIAOWEN

出版发行 法律出版社
编辑统筹 法规出版分社
责任编辑 张红蕊
装帧设计 臧晓飞
责任校对 陶玉霞
责任印制 耿润瑜

开本 850 毫米×1168 毫米 1/32
印张 1.25 **字数** 20 千
版本 2024 年 9 月第 1 版
印次 2024 年 9 月第 1 次印刷
印刷 北京金康利印刷有限公司
经销 新华书店

地址：北京市丰台区莲花池西里 7 号(100073)
网址：www.lawpress.com.cn
投稿邮箱：info@lawpress.com.cn
举报盗版邮箱：jbwq@lawpress.com.cn

销售电话：010-83938349
客服电话：010-83938350
咨询电话：010-63939796

书号：ISBN 978-7-5197-8881-0
定价：5.00 元
凡购买本社图书，如有印装错误，我社负责退换。电话：010-83938349

目　　录

中华人民共和国
最高人民法院公告

《最高人民法院关于适用〈中华人民共和国民法典〉侵权责任编的解释（一）》已于2023年12月18日由最高人民法院审判委员会第1909次会议通过，现予公布，自2024年9月27日起施行。

最高人民法院

2024年9月25日

最高人民法院关于适用《中华人民共和国民法典》侵权责任编的解释（一）

法释〔2024〕12号

为正确审理侵权责任纠纷案件，根据《中华人民共和国民法典》、《中华人民共和国民事诉讼法》等法律规定，结合审判实践，制定本解释。

第一条 非法使被监护人脱离监护，监护人请求赔偿为恢复监护状态而支出的合理费用等财产损失的，人民法院应予支持。

第二条 非法使被监护人脱离监护，导致父母子女关系或者其他近亲属关系受到严重损害的，应当认定为民法典第一千一百八十三条第一款规定的严重精神损害。

第三条 非法使被监护人脱离监护，被监护人在脱离监护期间死亡，作为近亲属的监护人既请求赔偿人身损害，又请求赔偿监护关系受侵害产生的损失的，人民法院依法予以支持。

第四条 无民事行为能力人、限制民事行为能力人造成他人损害，被侵权人请求监护人承担侵权责任，或者合并请求监护人和受托履行监护职责的人承担侵权责任的，人民法院应当将无民事行为能力人、限制民事行为能力人列为共同被告。

第五条 无民事行为能力人、限制民事行为能力人造成他人损害，被侵权人请求监护人承担侵权人应承担的全部责任的，人民法院应予支持，并在判决中明确，赔偿费用可以先从被监护人财产中支付，不足部分由监护人支付。

监护人抗辩主张承担补充责任，或者被侵权人、监护人主张人民法院判令有财产的无民事行为能力人、限制民事行为能力人承担赔偿责任的，人民法院不予支持。

从被监护人财产中支付赔偿费用的，应当保留被监护人所必需的生活费和完成义务教育所必需的费用。

第六条 行为人在侵权行为发生时不满十八周岁，被诉时已满十八周岁的，被侵权人请求原监护人承担侵权人应承担的全部责任的，人民法院应予支持，并在判决中明确，赔偿费用可以先从被监护人财产中支付，不足部分由监护人支付。

前款规定情形，被侵权人仅起诉行为人的，人民法院应当向原告释明申请追加原监护人为共同被告。

第七条 未成年子女造成他人损害，被侵权人请求父母共同承担侵权责任的，人民法院依照民法典第二十七条第一款、第一千零六十八条以及第一千一百八十八条的规定予以支持。

第八条 夫妻离婚后，未成年子女造成他人损害，被侵权人请求离异夫妻共同承担侵权责任的，人民法院依照民法典第一千零六十八条、第一千零八十四条以及第一千一百八十八条的规定予以支持。一方以未与该子女共同生活为由主张不承担或者少承担责任的，人民法院不予支持。

离异夫妻之间的责任份额，可以由双方协议确定；协议不成的，人民法院可以根据双方履行监护职责的约定和实际履行情况等确定。实际承担责任超过自己责任份额的一方向另一方追偿的，人民法院应予支持。

第九条 未成年子女造成他人损害的，依照民法典第一千零七十二条第二款的规定，未与该子女形成抚养教育关系的继父或者继母不承担监护人的侵权责任，由该子女的生父母依照本解释第八条的规定承担侵权责任。

第十条 无民事行为能力人、限制民事行为能力人造成他人损害，被侵权人合并请求监护人和受托履行监护职责的人承担侵权责任的，依照民法典第一千一百八十九条的规定，监护人承担侵权人应承担的全部责任；受托人在过错范围内与监护人共同承担责任，但责任主体实际支付的赔偿费用总和不应超出被侵权人应受偿的损失数额。

监护人承担责任后向受托人追偿的，人民法院可以参照民法典第九百二十九条的规定处理。

仅有一般过失的无偿受托人承担责任后向监护人追偿的，人民法院应予支持。

第十一条 教唆、帮助无民事行为能力人、限制民事行为能力人实施侵权行为，教唆人、帮助人以其不知道且不应当知道行为人为无民事行为能力人、限制民事行为能力人为由，主张不承担侵权责任或者与行为人的监护人承担连带责任的，人民法院不予支持。

第十二条 教唆、帮助无民事行为能力人、限制民事行为能力人实施侵权行为，被侵权人合并请求教唆人、帮助人以及监护人承担侵权责任的，依照民法典第一千一百六十九条第二款的规定，教唆人、帮助人承担侵权人应承担的全部责任；监护人在未尽到监护职责的范围内与教唆人、帮助人共同承担责任，但责任主体实际支付的赔偿费用总和不应超出被侵权人应受偿的损失数额。

监护人先行支付赔偿费用后，就超过自己相应责任的部分向教唆人、帮助人追偿的，人民法院应予支持。

第十三条 教唆、帮助无民事行为能力人、限制民事行为能力人实施侵权行为，被侵权人合并请求教唆人、帮助人与监护人以及受托履行监护职责的人承担侵权责任的，依照本解释第十条、第十二条的规定认定民事责任。

第十四条 无民事行为能力人或者限制民事行为能力人在幼儿园、学校或者其他教育机构学习、生活期间，受到教育机构以外的第三人人身损害，第三人、教育机构作为共同被告且依法应承担侵权责任的，人民法院应当在判决中明确，教育机构在人民法院就第三人的财产依法强制执行后仍不能履行的范围内，承担与其过错相应的补充责任。

被侵权人仅起诉教育机构的，人民法院应当向原告释明申请追加实施侵权行为的第三人为共同被告。

第三人不确定的，未尽到管理职责的教育机构先行承担与其过错相应的责任；教育机构承担责任后向已经确定的第三人追偿的，人民法院依照民法典第一千二百零一条的规定予以支持。

第十五条 与用人单位形成劳动关系的工作人员、执行用人单位工作任务的其他人员，因执行工作任务造成他人损害，被侵权人依照民法典第一千一百九十一条第一款的规定，请求用人单位承担侵权责任的，人民法院应予支持。

个体工商户的从业人员因执行工作任务造成他人损害的，适用民法典第一千一百九十一条第一款的规定认定民事责任。

第十六条 劳务派遣期间，被派遣的工作人员因执行工作任务造成他人损害，被侵权人合并请求劳务派遣单位与接受劳务派遣的用工单位承担侵权责任的，依照民法典第一千一百九十一条第二款的规定，接受劳务派遣的用工单位承担侵权人应承担的全部责任；劳务派遣单位在不当选派工作人员、未依法履行培训义务等过错范围内，与接受劳务派遣的用工单位共同承担责任，但责任主体实际支付的赔偿费用总和不应超出被侵权人应受偿的损失数额。

劳务派遣单位先行支付赔偿费用后，就超过自己相应责任的部分向接受劳务派遣的用工单位追偿的，人民法院应予支持，但双方另有约定的除外。

第十七条 工作人员在执行工作任务中实施的违法行为造成他人损害，构成自然人犯罪的，工作人员承担刑事责任不影响用人单位依法承担民事责任。依照民法典第一千一百九十一条规定用人单位应当承担侵权责任的，在刑事案件中已完成的追缴、退赔可以在民事判决书中明确并扣减，也可以在执行程序中予以扣减。

第十八条 承揽人在完成工作过程中造成第三人损害的，人民法院依照民法典第一千一百六十五条的规定认定承揽人的民事责任。

被侵权人合并请求定作人和承揽人承担侵权责任的，依照民法典第一千一百六十五条、第一千一百九十三条的规定，造成损害的承揽人承担侵权人应承担的全部责任；定作人在定作、指示或者选任过错范围内与承揽人共同承担责任，但责任主体实际支付的赔偿费用总和不应超出被侵权人应受偿的损失数额。

定作人先行支付赔偿费用后，就超过自己相应责任的部分向承揽人追偿的，人民法院应予支持，但双方另有约定的除外。

第十九条 因产品存在缺陷造成买受人财产损害，买受人请求产品的生产者或者销售者赔偿缺陷产品本身损害以及其他财产损害的，人民法院依照民法典第一千二百零二条、第一千二百零三条的规定予以支持。

第二十条 以买卖或者其他方式转让拼装或者已经达到报废标准的机动车，发生交通事故造成损害，转让人、受让人以其不知道且不应当知道该机动车系拼装或者已经达到报废标准为由，主张不承担侵权责任的，人民法院不予支持。

第二十一条 未依法投保强制保险的机动车发生交通事故造成损害，投保义务人和交通事故责任人不是同一人，被侵权人合并请求投保义务人和交通事故责任人承担侵权责任的，交通事故责任人承担侵权人应承担的全部责任；投保义务人在机动车强制保险责任限额范围内与交通事故责任人共同承担责任，但责任主体实际支付的赔偿费用总和不应超出被侵权人应受偿的损失数额。

投保义务人先行支付赔偿费用后，就超出机动车强制保险责任限额范围部分向交通事故责任人追偿的，人民法院应予支持。

第二十二条 机动车驾驶人离开本车后，因未采取制动措施等自身过错受到本车碰撞、碾压造成损害，机动车驾驶人请求承保本车机动车强制保险的保险人在强制保险责任限额范围内，以及承保本车机动车商业第三者责任保险的保险人按照保险合同的约定赔偿的，人民法院不予支持，但可以依据机动车车上人员责任保险的有关约定支持相应的赔偿请求。

第二十三条 禁止饲养的烈性犬等危险动物造成他人损害，动物饲养人或者管理人主张不承担责任或者减轻责任的，人民法院不予支持。

第二十四条 物业服务企业等建筑物管理人未采取必要的安全保障措施防止从建筑物中抛掷物品或者从建筑物上坠落的物品造成他人损害，具体侵权人、物业服务企业等建筑物管理人作为共同被告的，人民法院应当依照民法典第一千一百九十八条第二款、第一千二百五十四条的规定，在判决中明确，未采取必要安全保障措施的物业服务企业等建筑物管理人在人民法院就具体侵权人的财产依法强制执行后仍不能履行的范围内，承担与其过错相应的补充责任。

第二十五条 物业服务企业等建筑物管理人未采取必要的安全保障措施防止从建筑物中抛掷物品或者从建筑物上坠落的物品造成他人损害，经公安等机关调查，在民事案件一审法庭辩论终结前仍难以确定具体侵权人的，未采取必要安全保障措施的物业服务企业等建筑物管理人承担与其过错相应的责任。被侵权人其余部分的损害，由可能加害的建筑物使用人给予适当补偿。

具体侵权人确定后，已经承担责任的物业服务企业等建筑物管理人、可能加害的建筑物使用人向具体侵权人追偿的，人民法院依照民法典第一千一百九十八条第二款、第一千二百五十四条第一款的规定予以支持。

第二十六条 本解释自2024年9月27日起施行。

本解释施行后，人民法院尚未审结的一审、二审案件适用本解释。本解释施行前已经终审，当事人申请再审或者按照审判监督程序决定再审的，适用当时的法律、司法解释规定。

附录：

中华人民共和国民法典（节录）

（2020 年 5 月 28 日第十三届全国人民代表大会第三次会议通过　2020 年 5 月 28 日中华人民共和国主席令第四十五号公布　自 2021 年 1 月 1 日起施行）

第七编　侵权责任

第一章　一般规定

第一千一百六十四条　本编调整因侵害民事权益产生的民事关系。

第一千一百六十五条　行为人因过错侵害他人民事权益造成损害的，应当承担侵权责任。

依照法律规定推定行为人有过错，其不能证明自己没有过错的，应当承担侵权责任。

第一千一百六十六条　行为人造成他人民事权益损

害，不论行为人有无过错，法律规定应当承担侵权责任的，依照其规定。

第一千一百六十七条 侵权行为危及他人人身、财产安全的，被侵权人有权请求侵权人承担停止侵害、排除妨碍、消除危险等侵权责任。

第一千一百六十八条 二人以上共同实施侵权行为，造成他人损害的，应当承担连带责任。

第一千一百六十九条 教唆、帮助他人实施侵权行为的，应当与行为人承担连带责任。

教唆、帮助无民事行为能力人、限制民事行为能力人实施侵权行为的，应当承担侵权责任；该无民事行为能力人、限制民事行为能力人的监护人未尽到监护职责的，应当承担相应的责任。

第一千一百七十条 二人以上实施危及他人人身、财产安全的行为，其中一人或者数人的行为造成他人损害，能够确定具体侵权人的，由侵权人承担责任；不能确定具体侵权人的，行为人承担连带责任。

第一千一百七十一条 二人以上分别实施侵权行为造成同一损害，每个人的侵权行为都足以造成全部损害的，行为人承担连带责任。

第一千一百七十二条 二人以上分别实施侵权行为

造成同一损害，能够确定责任大小的，各自承担相应的责任；难以确定责任大小的，平均承担责任。

第一千一百七十三条　被侵权人对同一损害的发生或者扩大有过错的，可以减轻侵权人的责任。

第一千一百七十四条　损害是因受害人故意造成的，行为人不承担责任。

第一千一百七十五条　损害是因第三人造成的，第三人应当承担侵权责任。

第一千一百七十六条　自愿参加具有一定风险的文体活动，因其他参加者的行为受到损害的，受害人不得请求其他参加者承担侵权责任；但是，其他参加者对损害的发生有故意或者重大过失的除外。

活动组织者的责任适用本法第一千一百九十八条至第一千二百零一条的规定。

第一千一百七十七条　合法权益受到侵害，情况紧迫且不能及时获得国家机关保护，不立即采取措施将使其合法权益受到难以弥补的损害的，受害人可以在保护自己合法权益的必要范围内采取扣留侵权人的财物等合理措施；但是，应当立即请求有关国家机关处理。

受害人采取的措施不当造成他人损害的，应当承担侵权责任。

第一千一百七十八条 本法和其他法律对不承担责任或者减轻责任的情形另有规定的，依照其规定。

第二章 损害赔偿

第一千一百七十九条 侵害他人造成人身损害的，应当赔偿医疗费、护理费、交通费、营养费、住院伙食补助费等为治疗和康复支出的合理费用，以及因误工减少的收入。造成残疾的，还应当赔偿辅助器具费和残疾赔偿金；造成死亡的，还应当赔偿丧葬费和死亡赔偿金。

第一千一百八十条 因同一侵权行为造成多人死亡的，可以以相同数额确定死亡赔偿金。

第一千一百八十一条 被侵权人死亡的，其近亲属有权请求侵权人承担侵权责任。被侵权人为组织，该组织分立、合并的，承继权利的组织有权请求侵权人承担侵权责任。

被侵权人死亡的，支付被侵权人医疗费、丧葬费等合理费用的人有权请求侵权人赔偿费用，但是侵权人已经支付该费用的除外。

第一千一百八十二条 侵害他人人身权益造成财产损失的，按照被侵权人因此受到的损失或者侵权人因此获得的利益赔偿；被侵权人因此受到的损失以及侵权人因此获得的利益难以确定，被侵权人和侵权人就赔偿数额协商不一致，向人民法院提起诉讼的，由人民法院根据实际情况确定赔偿数额。

第一千一百八十三条 侵害自然人人身权益造成严重精神损害的，被侵权人有权请求精神损害赔偿。

因故意或者重大过失侵害自然人具有人身意义的特定物造成严重精神损害的，被侵权人有权请求精神损害赔偿。

第一千一百八十四条 侵害他人财产的，财产损失按照损失发生时的市场价格或者其他合理方式计算。

第一千一百八十五条 故意侵害他人知识产权，情节严重的，被侵权人有权请求相应的惩罚性赔偿。

第一千一百八十六条 受害人和行为人对损害的发生都没有过错的，依照法律的规定由双方分担损失。

第一千一百八十七条 损害发生后，当事人可以协商赔偿费用的支付方式。协商不一致的，赔偿费用应当一次性支付；一次性支付确有困难的，可以分期支付，但是被侵权人有权请求提供相应的担保。

第三章　责任主体的特殊规定

第一千一百八十八条 无民事行为能力人、限制民事行为能力人造成他人损害的，由监护人承担侵权责任。监护人尽到监护职责的，可以减轻其侵权责任。

有财产的无民事行为能力人、限制民事行为能力人造成他人损害的，从本人财产中支付赔偿费用；不足部分，由监护人赔偿。

第一千一百八十九条 无民事行为能力人、限制民事行为能力人造成他人损害，监护人将监护职责委托给他人的，监护人应当承担侵权责任；受托人有过错的，承担相应的责任。

第一千一百九十条 完全民事行为能力人对自己的行为暂时没有意识或者失去控制造成他人损害有过错的，应当承担侵权责任；没有过错的，根据行为人的经济状况对受害人适当补偿。

完全民事行为能力人因醉酒、滥用麻醉药品或者精神药品对自己的行为暂时没有意识或者失去控制造成他人损害的，应当承担侵权责任。

第一千一百九十一条 用人单位的工作人员因执行工作任务造成他人损害的，由用人单位承担侵权责任。用人单位承担侵权责任后，可以向有故意或者重大过失的工作人员追偿。

劳务派遣期间，被派遣的工作人员因执行工作任务造成他人损害的，由接受劳务派遣的用工单位承担侵权责任；劳务派遣单位有过错的，承担相应的责任。

第一千一百九十二条 个人之间形成劳务关系，提供劳务一方因劳务造成他人损害的，由接受劳务一方承担侵权责任。接受劳务一方承担侵权责任后，可以向有故意或者重大过失的提供劳务一方追偿。提供劳务一方因劳务受到损害的，根据双方各自的过错承担相应的责任。

提供劳务期间，因第三人的行为造成提供劳务一方损害的，提供劳务一方有权请求第三人承担侵权责任，也有权请求接受劳务一方给予补偿。接受劳务一方补偿后，可以向第三人追偿。

第一千一百九十三条 承揽人在完成工作过程中造成第三人损害或者自己损害的，定作人不承担侵权责任。但是，定作人对定作、指示或者选任有过错的，应当承担相应的责任。

第一千一百九十四条 网络用户、网络服务提供者利用网络侵害他人民事权益的，应当承担侵权责任。法律另有规定的，依照其规定。

第一千一百九十五条 网络用户利用网络服务实施侵权行为的，权利人有权通知网络服务提供者采取删除、屏蔽、断开链接等必要措施。通知应当包括构成侵权的初步证据及权利人的真实身份信息。

网络服务提供者接到通知后，应当及时将该通知转送相关网络用户，并根据构成侵权的初步证据和服务类型采取必要措施；未及时采取必要措施的，对损害的扩大部分与该网络用户承担连带责任。

权利人因错误通知造成网络用户或者网络服务提供者损害的，应当承担侵权责任。法律另有规定的，依照其规定。

第一千一百九十六条　网络用户接到转送的通知后，可以向网络服务提供者提交不存在侵权行为的声明。声明应当包括不存在侵权行为的初步证据及网络用户的真实身份信息。

网络服务提供者接到声明后，应当将该声明转送发出通知的权利人，并告知其可以向有关部门投诉或者向人民法院提起诉讼。网络服务提供者在转送声明到达权利人后的合理期限内，未收到权利人已经投诉或者提起诉讼通知的，应当及时终止所采取的措施。

第一千一百九十七条　网络服务提供者知道或者应当知道网络用户利用其网络服务侵害他人民事权益，未采取必要措施的，与该网络用户承担连带责任。

第一千一百九十八条 宾馆、商场、银行、车站、机场、体育场馆、娱乐场所等经营场所、公共场所的经营者、管理者或者群众性活动的组织者，未尽到安全保障义务，造成他人损害的，应当承担侵权责任。

因第三人的行为造成他人损害的，由第三人承担侵权责任；经营者、管理者或者组织者未尽到安全保障义务的，承担相应的补充责任。经营者、管理者或者组织者承担补充责任后，可以向第三人追偿。

第一千一百九十九条 无民事行为能力人在幼儿园、学校或者其他教育机构学习、生活期间受到人身损害的，幼儿园、学校或者其他教育机构应当承担侵权责任；但是，能够证明尽到教育、管理职责的，不承担侵权责任。

第一千二百条 限制民事行为能力人在学校或者其他教育机构学习、生活期间受到人身损害，学校或者其他教育机构未尽到教育、管理职责的，应当承担侵权责任。

第一千二百零一条 无民事行为能力人或者限制民事行为能力人在幼儿园、学校或者其他教育机构学习、生活期间，受到幼儿园、学校或者其他教育机构以外的第三人人身损害的，由第三人承担侵权责任；幼儿园、学校或者其他教育机构未尽到管理职责的，承担相应的补充责任。幼儿园、学校或者其他教育机构承担补充责任后，可以向第三人追偿。

第四章　产 品 责 任

第一千二百零二条　因产品存在缺陷造成他人损害的，生产者应当承担侵权责任。

第一千二百零三条　因产品存在缺陷造成他人损害的，被侵权人可以向产品的生产者请求赔偿，也可以向产品的销售者请求赔偿。

产品缺陷由生产者造成的，销售者赔偿后，有权向生产者追偿。因销售者的过错使产品存在缺陷的，生产者赔偿后，有权向销售者追偿。

第一千二百零四条　因运输者、仓储者等第三人的过错使产品存在缺陷，造成他人损害的，产品的生产者、销售者赔偿后，有权向第三人追偿。

第一千二百零五条　因产品缺陷危及他人人身、财产安全的，被侵权人有权请求生产者、销售者承担停止侵害、排除妨碍、消除危险等侵权责任。

第一千二百零六条　产品投入流通后发现存在缺陷的，生产者、销售者应当及时采取停止销售、警示、召回等补救措施；未及时采取补救措施或者补救措施不力造成损害扩大的，对扩大的损害也应当承担侵权责任。

依据前款规定采取召回措施的，生产者、销售者应当负担被侵权人因此支出的必要费用。

第一千二百零七条 明知产品存在缺陷仍然生产、销售，或者没有依据前条规定采取有效补救措施，造成他人死亡或者健康严重损害的，被侵权人有权请求相应的惩罚性赔偿。

第五章 机动车交通事故责任

第一千二百零八条 机动车发生交通事故造成损害的，依照道路交通安全法律和本法的有关规定承担赔偿责任。

第一千二百零九条 因租赁、借用等情形机动车所有人、管理人与使用人不是同一人时，发生交通事故造成损害，属于该机动车一方责任的，由机动车使用人承担赔偿责任；机动车所有人、管理人对损害的发生有过错的，承担相应的赔偿责任。

第一千二百一十条 当事人之间已经以买卖或者其他方式转让并交付机动车但是未办理登记，发生交通事故造成损害，属于该机动车一方责任的，由受让人承担赔偿责任。

第一千二百一十一条 以挂靠形式从事道路运输经营活动的机动车，发生交通事故造成损害，属于该机动车一方责任的，由挂靠人和被挂靠人承担连带责任。

第一千二百一十二条 未经允许驾驶他人机动车，发生交通事故造成损害，属于该机动车一方责任的，由机动车使用人承担赔偿责任；机动车所有人、管理人对损害的发生有过错的，承担相应的赔偿责任，但是本章另有规定的除外。

第一千二百一十三条 机动车发生交通事故造成损害，属于该机动车一方责任的，先由承保机动车强制保险的保险人在强制保险责任限额范围内予以赔偿；不足部分，由承保机动车商业保险的保险人按照保险合同的约定予以赔偿；仍然不足或者没有投保机动车商业保险的，由侵权人赔偿。

第一千二百一十四条 以买卖或者其他方式转让拼装或者已经达到报废标准的机动车，发生交通事故造成损害的，由转让人和受让人承担连带责任。

第一千二百一十五条 盗窃、抢劫或者抢夺的机动车发生交通事故造成损害的，由盗窃人、抢劫人或者抢夺人承担赔偿责任。盗窃人、抢劫人或者抢夺人与机动车使用人不是同一人，发生交通事故造成损害，属于该机动车一方责任的，由盗窃人、抢劫人或者抢夺人与机动车使用人承担连带责任。

保险人在机动车强制保险责任限额范围内垫付抢救费用的，有权向交通事故责任人追偿。

第一千二百一十六条 机动车驾驶人发生交通事故后逃逸，该机动车参加强制保险的，由保险人在机动车强制保险责任限额范围内予以赔偿；机动车不明、该机动车未参加强制保险或者抢救费用超过机动车强制保险责任限额，需要支付被侵权人人身伤亡的抢救、丧葬等费用的，由道路交通事故社会救助基金垫付。道路交通事故社会救助基金垫付后，其管理机构有权向交通事故责任人追偿。

第一千二百一十七条 非营运机动车发生交通事故造成无偿搭乘人损害，属于该机动车一方责任的，应当减轻其赔偿责任，但是机动车使用人有故意或者重大过失的除外。

第六章 医疗损害责任

第一千二百一十八条 患者在诊疗活动中受到损害，医疗机构或者其医务人员有过错的，由医疗机构承担赔偿责任。

第一千二百一十九条 医务人员在诊疗活动中应当向患者说明病情和医疗措施。需要实施手术、特殊检查、特殊治疗的，医务人员应当及时向患者具体说明医疗风险、替代医疗方案等情况，并取得其明确同意；不能或者不宜向患者说明的，应当向患者的近亲属说明，并取得其明确同意。

医务人员未尽到前款义务，造成患者损害的，医疗机构应当承担赔偿责任。

第一千二百二十条 因抢救生命垂危的患者等紧急情况，不能取得患者或者其近亲属意见的，经医疗机构负责人或者授权的负责人批准，可以立即实施相应的医疗措施。

第一千二百二十一条 医务人员在诊疗活动中未尽到与当时的医疗水平相应的诊疗义务，造成患者损害的，医疗机构应当承担赔偿责任。

第一千二百二十二条 患者在诊疗活动中受到损害，有下列情形之一的，推定医疗机构有过错：

（一）违反法律、行政法规、规章以及其他有关诊疗规范的规定；

（二）隐匿或者拒绝提供与纠纷有关的病历资料；

（三）遗失、伪造、篡改或者违法销毁病历资料。

第一千二百二十三条 因药品、消毒产品、医疗器械的缺陷，或者输入不合格的血液造成患者损害的，患者可以向药品上市许可持有人、生产者、血液提供机构请求赔偿，也可以向医疗机构请求赔偿。患者向医疗机构请求赔偿的，医疗机构赔偿后，有权向负有责任的药品上市许可持有人、生产者、血液提供机构追偿。

第一千二百二十四条 患者在诊疗活动中受到损害，有下列情形之一的，医疗机构不承担赔偿责任：

（一）患者或者其近亲属不配合医疗机构进行符合诊疗规范的诊疗；

（二）医务人员在抢救生命垂危的患者等紧急情况下已经尽到合理诊疗义务；

（三）限于当时的医疗水平难以诊疗。

前款第一项情形中，医疗机构或者其医务人员也有过错的，应当承担相应的赔偿责任。

第一千二百二十五条 医疗机构及其医务人员应当按照规定填写并妥善保管住院志、医嘱单、检验报告、手术及麻醉记录、病理资料、护理记录等病历资料。

患者要求查阅、复制前款规定的病历资料的，医疗机构应当及时提供。

第一千二百二十六条 医疗机构及其医务人员应当

对患者的隐私和个人信息保密。泄露患者的隐私和个人信息，或者未经患者同意公开其病历资料的，应当承担侵权责任。

第一千二百二十七条　医疗机构及其医务人员不得违反诊疗规范实施不必要的检查。

第一千二百二十八条　医疗机构及其医务人员的合法权益受法律保护。

干扰医疗秩序，妨碍医务人员工作、生活，侵害医务人员合法权益的，应当依法承担法律责任。

第七章　环境污染和生态破坏责任

第一千二百二十九条　因污染环境、破坏生态造成他人损害的，侵权人应当承担侵权责任。

第一千二百三十条　因污染环境、破坏生态发生纠纷，行为人应当就法律规定的不承担责任或者减轻责任的情形及其行为与损害之间不存在因果关系承担举证责任。

第一千二百三十一条　两个以上侵权人污染环境、破坏生态的，承担责任的大小，根据污染物的种类、浓度、排放量，破坏生态的方式、范围、程度，以及行为对损害后果所起的作用等因素确定。

第一千二百三十二条　侵权人违反法律规定故意污染环境、破坏生态造成严重后果的，被侵权人有权请求相应的惩罚性赔偿。

第一千二百三十三条　因第三人的过错污染环境、破坏生态的，被侵权人可以向侵权人请求赔偿，也可以向第三人请求赔偿。侵权人赔偿后，有权向第三人追偿。

第一千二百三十四条　违反国家规定造成生态环境损害，生态环境能够修复的，国家规定的机关或者法律规定的组织有权请求侵权人在合理期限内承担修复责任。侵权人在期限内未修复的，国家规定的机关或者法律规定的组织可以自行或者委托他人进行修复，所需费用由侵权人负担。

第一千二百三十五条　违反国家规定造成生态环境损害的，国家规定的机关或者法律规定的组织有权请求侵权人赔偿下列损失和费用：

（一）生态环境受到损害至修复完成期间服务功能丧失导致的损失；

（二）生态环境功能永久性损害造成的损失；

（三）生态环境损害调查、鉴定评估等费用；

（四）清除污染、修复生态环境费用；

（五）防止损害的发生和扩大所支出的合理费用。

第八章　高度危险责任

第一千二百三十六条　从事高度危险作业造成他人损害的，应当承担侵权责任。

第一千二百三十七条　民用核设施或者运入运出核设施的核材料发生核事故造成他人损害的，民用核设施的营运单位应当承担侵权责任；但是，能够证明损害是因战争、武装冲突、暴乱等情形或者受害人故意造成的，不承担责任。

第一千二百三十八条　民用航空器造成他人损害的，民用航空器的经营者应当承担侵权责任；但是，能够证明损害是因受害人故意造成的，不承担责任。

第一千二百三十九条　占有或者使用易燃、易爆、剧毒、高放射性、强腐蚀性、高致病性等高度危险物造成他人损害的，占有人或者使用人应当承担侵权责任；但是，能够证明损害是因受害人故意或者不可抗力造成的，不承担责任。被侵权人对损害的发生有重大过失的，可以减轻占有人或者使用人的责任。

第一千二百四十条　从事高空、高压、地下挖掘活动或者使用高速轨道运输工具造成他人损害的，经营者应当承担侵权责任；但是，能够证明损害是因受害人故意或者不可抗力造成的，不承担责任。被侵权人对损害的发生有重大过失的，可以减轻经营者的责任。

第一千二百四十一条　遗失、抛弃高度危险物造成他人损害的，由所有人承担侵权责任。所有人将高度危险物交由他人管理的，由管理人承担侵权责任；所有人有过错的，与管理人承担连带责任。

第一千二百四十二条　非法占有高度危险物造成他人损害的，由非法占有人承担侵权责任。所有人、管理人不能证明对防止非法占有尽到高度注意义务的，与非法占有人承担连带责任。

第一千二百四十三条　未经许可进入高度危险活动区域或者高度危险物存放区域受到损害，管理人能够证明已经采取足够安全措施并尽到充分警示义务的，可以减轻或者不承担责任。

第一千二百四十四条　承担高度危险责任，法律规定赔偿限额的，依照其规定，但是行为人有故意或者重大过失的除外。

第九章　饲养动物损害责任

第一千二百四十五条　饲养的动物造成他人损害的，

动物饲养人或者管理人应当承担侵权责任；但是，能够证明损害是因被侵权人故意或者重大过失造成的，可以不承担或者减轻责任。

第一千二百四十六条 违反管理规定，未对动物采取安全措施造成他人损害的，动物饲养人或者管理人应当承担侵权责任；但是，能够证明损害是因被侵权人故意造成的，可以减轻责任。

第一千二百四十七条 禁止饲养的烈性犬等危险动物造成他人损害的，动物饲养人或者管理人应当承担侵权责任。

第一千二百四十八条 动物园的动物造成他人损害的，动物园应当承担侵权责任；但是，能够证明尽到管理职责的，不承担侵权责任。

第一千二百四十九条 遗弃、逃逸的动物在遗弃、逃逸期间造成他人损害的，由动物原饲养人或者管理人承担侵权责任。

第一千二百五十条 因第三人的过错致使动物造成他人损害的，被侵权人可以向动物饲养人或者管理人请求赔偿，也可以向第三人请求赔偿。动物饲养人或者管理人赔偿后，有权向第三人追偿。

第一千二百五十一条 饲养动物应当遵守法律法规，尊重社会公德，不得妨碍他人生活。

第十章 建筑物和物件损害责任

第一千二百五十二条 建筑物、构筑物或者其他设施倒塌、塌陷造成他人损害的，由建设单位与施工单位承担连带责任，但是建设单位与施工单位能够证明不存在质量缺陷的除外。建设单位、施工单位赔偿后，有其他责任人的，有权向其他责任人追偿。

因所有人、管理人、使用人或者第三人的原因，建筑物、构筑物或者其他设施倒塌、塌陷造成他人损害的，由所有人、管理人、使用人或者第三人承担侵权责任。

第一千二百五十三条 建筑物、构筑物或者其他设施及其搁置物、悬挂物发生脱落、坠落造成他人损害，所有人、管理人或者使用人不能证明自己没有过错的，应当承担侵权责任。所有人、管理人或者使用人赔偿后，有其他责任人的，有权向其他责任人追偿。

第一千二百五十四条 禁止从建筑物中抛掷物品。从建筑物中抛掷物品或者从建筑物上坠落的物品造成他人损害的，由侵权人依法承担侵权责任；经调查难以确定具体侵权人的，除能够证明自己不是侵权人的外，由可能加害的建筑物使用人给予补偿。可能加害的建筑物使用人补偿后，有权向侵权人追偿。

物业服务企业等建筑物管理人应当采取必要的安全保障措施防止前款规定情形的发生；未采取必要的安全保障措施的，应当依法承担未履行安全保障义务的侵权责任。

发生本条第一款规定的情形的，公安等机关应当依法及时调查，查清责任人。

第一千二百五十五条　堆放物倒塌、滚落或者滑落造成他人损害，堆放人不能证明自己没有过错的，应当承担侵权责任。

第一千二百五十六条　在公共道路上堆放、倾倒、遗撒妨碍通行的物品造成他人损害的，由行为人承担侵权责任。公共道路管理人不能证明已经尽到清理、防护、警示等义务的，应当承担相应的责任。

第一千二百五十七条　因林木折断、倾倒或者果实坠落等造成他人损害，林木的所有人或者管理人不能证明自己没有过错的，应当承担侵权责任。

第一千二百五十八条　在公共场所或者道路上挖掘、修缮安装地下设施等造成他人损害，施工人不能证明已经设置明显标志和采取安全措施的，应当承担侵权责任。

窨井等地下设施造成他人损害，管理人不能证明尽到管理职责的，应当承担侵权责任。